CLIC E O SOL QUE BRILHA POR DENTRO

CB127031

Editora Appris Ltda.
1.ª Edição - Copyright© 2025 dos autores
Direitos de Edição Reservados à Editora Appris Ltda.

Nenhuma parte desta obra poderá ser utilizada indevidamente, sem estar de acordo com a Lei nº 9.610/98. Se incorreções forem encontradas, serão de exclusiva responsabilidade de seus organizadores. Foi realizado o Depósito Legal na Fundação Biblioteca Nacional, de acordo com as Leis nºs 10.994, de 14/12/2004, e 12.192, de 14/01/2010.

FICHA TÉCNICA

EDITORIAL	Augusto V. de A. Coelho Sara C. de Andrade Coelho
COMITÊ EDITORIAL	Marli Caetano Andréa Barbosa Gouveia (UFPR) Edmeire C. Pereira (UFPR) Iraneide da Silva (UFC) Jacques de Lima Ferreira (UP)
SUPERVISORA EDITORIAL	Renata C. Lopes
PRODUÇÃO EDITORIAL	Adrielli de Almeida
REVISÃO	Karina Obrzut
PROJETO GRÁFICO	Sabrina Costa
ILUSTRAÇÃO	Matheus Furtado
REVISÃO DE PROVA	Emily Pinheiro

Catalogação na Fonte
Elaborado por: Dayanne Leal Souza
Bibliotecária CRB 9/2162

V448c Venâncio, Thiago Duarte
2025 Clic e o sol que brilha por dentro / Thiago Duarte Venâncio. – 1. ed. – Curitiba: Appris, 2025.
36 p. : il. color. ; 23 cm.

ISBN 978-65-250-8871-6

1. Livro infantil. 2. Transformação social. 3. Empatia. 4. Gentileza. 5. Amizade. I. Venâncio, Thiago Duarte. II. Título.

CDD – 028.5

Appris editorial

Editora e Livraria Appris Ltda.
Av. Manoel Ribas, 2265 – Mercês
Curitiba/PR – CEP: 80810-002
Tel. (41) 3156 - 4731
www.editoraappris.com.br

Printed in Brazil
Impresso no Brasil

Thiago Duarte Venâncio

CLIC E O SOL QUE BRILHA POR DENTRO

artêrinha
Curitiba, PR
2025

AGRADECIMENTOS

Agradeço à minha família, que é meu porto seguro e inspiração diária.

À Bruna, minha esposa e companheira, e aos meus filhos, João e Gabriel — foi nas histórias contadas para eles antes de dormir que nasceu em mim a vontade de escrever para crianças.

Aos meus pais, Elcio e Marilia, por me ensinarem o valor da leitura e da educação.

Que esta história seja um convite a espalhar empatia, esperança e um pouco mais de luz pelo mundo.

Clic nasceu de um amontoado de peças e dispositivos descartados em um canto da cidade: uma torradeira, um toca-fitas, uma rodinha, um sapato de brinquedo usado, placas eletrônicas velhas e um painel solar danificado. Tudo isso ganhou nova vida nas mãos de Dona Alice, uma inventora aposentada, muito inteligente, que morava em Vila Esperança e tomava chá com seu gato de pelúcia por falta de amigos verdadeiros.

— Agora sim, meu pequeno! Você está pronto para a sua missão, que é ESPALHAR GENTILEZA E FAZER AMIZADES! — disse ela.

Clic piscou seus olhos, girou a rodinha, mexeu suas mãos e falou sua primeira frase:

— Oi, oi, oi, oi! Eu fui feito para fazer o bem!

Mas havia um problema. Dona Alice observou que mesmo após algum tempo no sol, Clic estava perdendo energia e ficando fraco. O painel solar era antigo, mas Dona Alice estava certa que o tinha consertado muito bem, porém, não estava funcionando...

— O que está acontecendo com você, meu lindo robozinho? — perguntou Dona Alice.

Para surpresa dela, Clic reagiu positivamente e sua energia ficou mais forte! Como em um passe de mágica, ela percebeu que Clic era recarregado por uma fonte muito especial: pela energia das palavras boas e dos gestos gentis e educados.

Clic ficou animado e resolveu dar uma volta pela pequena cidade! Não muito longe da casa de Dona Alice, na praça onde tudo era "rápido e prático", ninguém parava para dizer um "bom dia" ou "obrigado", nem para ajudar uma senhora a carregar sacolas de supermercado. E Clic... começava a se apagar aos poucos.

Os humanos passavam apressados mexendo em seus celulares.

Um homem atravessou a rua sem olhar para os lados e quase foi atropelado. Por sorte, o motorista estava atento e evitou o pior.

Assim, Clic ficava cada vez mais fraco.

Enquanto isso, no meio da praça, uma garota muito observadora e bondosa brincava no parquinho. Seu nome era Sofia e, após a brincadeira, ela foi ao encontro de seus pais.

Todos passavam reto por Clic, sem notá-lo, menos Sofia, que falou ao vê-lo parado e muito fraquinho:

— Olá, como vai? Qual o seu nome?

— Olá! Baixo... nível... de... gentileza... — sorriu ele, quase se apagando. Meu... nome... é... Clic.

Sofia, muito esperta, entendeu logo que ele precisava aumentar o nível de gentileza e disse:

— Você é o robô mais legal que eu já vi! E… eu acho que você tem o sorriso mais piscante de todos.

Piiiiiiiiiiiiiii!

Clic deu um pulinho, acendeu os olhos e girou a rodinha.

— Mensagem recebida: você é muito gentil. Carregando… amizade.

Clic, Sofia e seus pais saíram pela praça, tentando espalhar sorrisos. Porém, as pessoas estavam tão ocupadas que mal prestavam atenção. Até crianças concentradas em seus joguinhos eletrônicos e redes sociais não repararam no simpático robozinho.

Clic, querendo chamar a atenção das pessoas, resolveu ativar sua "Função de Emergência":

— *Ativando Função de Emergência Dançante!*

Ele tentou dançar no meio da praça, mas como seu pé direito era uma rodinha e o esquerdo, um velho sapato de brinquedo, acabou girando mais do que devia, bateu num carrinho de pipoca e caiu de cara numa poça d'água.

PLÉC, PLÓC!

O som foi tão alto que uma pomba se assustou e saiu voando, uma senhora soltou um “Meu Deus” e um menino largou o celular só para rir.

Sofia correu para ajudar, segurando o riso.

— Você está bem, Clic?

— *Sistema estável. Dignidade comprometida* — respondeu ele, cuspindo um pouco de pipoca pela boca e com a cara suja de lama.

Até o pipoqueiro, que observava assustado, deu um risinho escondido e não conseguiu ficar bravo com o desengonçado robozinho! Ele gostou tanto de Clic que ofereceu pipoca de graça para as crianças!

Clic ficou muito feliz e falou alto:

— *Gentileza detectada… energia recarregada!*

Sofia limpou a lama de Clic e decidiram visitar o Senhor Tony, o vizinho mais ranzinza da cidade.

— Quem sabe a gente não consegue tirar um sorriso do Senhor Tony? — disse Sofia.

Chegaram à casa dele com flores artificiais feitas de material reciclado e uma cartinha escrita à mão: "O senhor é muito importante. Obrigado por existir."

Ao ver Clic, Sofia e ler a cartinha, Senhor Tony mostrou uma foto antiga de sua filha que morava distante, emocionou-se e ficou muito agradecido com o gesto recebido.

— Vocês fizeram meu dia mais feliz e hoje mesmo vou ligar para minha filha e dizer que estou com saudades e que a amo muito! — suspirou Senhor Tony.

PLOIMMM!

Clic brilhou forte. A barra de energia em seu peito aumentou e começou a se preencher com luzes coloridas, brilhando sem parar.

Nos dias seguintes, a notícia se espalhou e a cidade começou a mudar. Os adultos agradeciam e se cumprimentavam. As crianças brincavam ao ar livre e sorriam, felizes e saudáveis. Nem se lembravam de dispositivos eletrônicos e televisão.

Dona Alice fez novos amigos e ficou famosa em toda a cidade, como a criadora do robozinho mais irado do mundo.

Dentro da escola, a diretora proibiu o uso de telefones e instituiu o "Dia da Família", quando todos se divertiam juntos e alegres durante o último domingo de cada mês.

ESCOLA
DIA DA FAMÍLIA
PROIBIDO CELULAR

Na praça, todos participaram do “Piquenique do Bem”, organizado em equipe por Sofia e outras crianças. Clic distribuiu abraços mecânicos (um pouco apertados demais!), participou de brincadeiras, espalhou gentileza, fez amizades e cantou sua nova canção:

Se um gesto aquece o dia e um sorriso faz brilhar,
A palavra mais bondosa é capaz de recarregar.
Não precisa ser grandioso, nem ter um plano genial.
Basta um toque generoso e um cuidado natural.
A vida é como uma dança
Feita de dar e receber,
Quem reparte a esperança
Nunca deixa de viver.
Um abraço bem apertado, escutando de verdade,
Um “estou aqui do lado” vale mais que novidade.
A amizade é como um fio, que se liga ao coração,
Passa luz por todo o corpo e se transforma em emoção.
A vida é como uma dança
Feita de dar e receber,
Quem reparte a esperança
Nunca deixa de viver.

Mensagem final

Mesmo as boas ações mais simples podem recarregar a energia no coração dos outros — e em nós mesmos. Nosso amigo Clic não foi programado para mudar o mundo inteiro, mas conseguiu transformar a sua praça, a sua pequena cidade... e muitos corações. O que acha de seguir o exemplo de Clic e Sofia? Vamos nessa?!

Thiago Duarte Venâncio é capixaba, auditor fiscal da Receita Estadual e mestre em administração tributária e fazenda pública. Casado com Bruna e pai de João e Gabriel, tem na leitura um hábito cultivado desde a infância, graças ao incentivo dos pais, Elcio e Marilia.

A vontade de escrever para crianças surgiu do costume de inventar histórias e ler livros aos filhos antes de dormir. Acredita no poder da empatia, da gentileza, do respeito à igualdade e da educação para transformar o mundo. Clic e o sol que brilha por dentro é sua estreia na literatura infantil, um convite para recarregar a esperança com gestos simples e verdadeiros.

Matheus Furtado é ilustrador com formação em design gráfico e trajetória marcada por uma paixão por formas, cores e narrativas visuais. Estudou também arquitetura e fotografia, áreas que ampliaram seu olhar e enriqueceram seu trabalho. Ao longo da carreira, já ilustrou mais de 100 livros, colaborando com autores e editoras em projetos diversos, do infantil ao técnico.

Reside no Rio Grande do Sul, onde divide seu tempo entre tablet, folhas, tintas e o barulho alegre da casa cheia — é pai de seis filhos, que são sua maior inspiração.

Acredita que cada imagem pode contar uma história e busca sempre emocionar, provocar e encantar com suas criações.